DES POUVOIRS

DE

L'ADMINISTRATION

EN MATIÈRE SANITAIRE

OBSERVATIONS

PRÉSENTÉES PAR

M. Henri MONOD

Directeur de l'Assistance publique en France

AU COMITÉ CONSULTATIF D'HYGIÈNE DE FRANCE

(Séance du 12 Novembre 1888)

PARIS

IMPRIMERIE NOUVELLE (ASSOCIATION OUVRIÈRE)

II, RUE CADET, II

1888

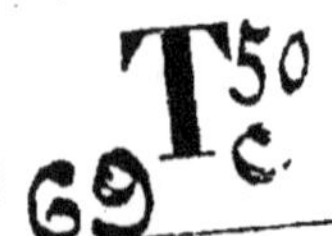

DES POUVOIRS

DE

L'ADMINISTRATION

EN MATIÈRE SANITAIRE

OBSERVATIONS

PRÉSENTÉES PAR

M. Henri MONOD

Directeur de l'Assistance publique en France

AU COMITÉ CONSULTATIF D'HYGIÈNE DE FRANCE

(*Séance du 12 Novembre 1888*)

PARIS

IMPRIMERIE NOUVELLE (ASSOCIATION OUVRIÈRE)

II, RUE CADET, II

1888

DES POUVOIRS

DE

L'ADMINISTRATION

EN MATIÈRE SANITAIRE

Le président du comité consultatif d'hygiène de France, M. le professeur Brouardel, a présenté au comité, le 5 novembre 1888, un rapport intitulé :

« *Répartition de la fièvre typhoïde en France, d'après les documents fournis par la statistique médicale de l'armée et la statistique sanitaire dressée par le ministre du commerce et de l'industrie.* »

Ce rapport se terminait par les conclusions suivantes :

1° L'assainissement de la France, au point de vue notamment de la fièvre typhoïde, a un intérêt national. C'est une œuvre d'Etat. On ne saurait sans danger laisser aux municipalités le droit souverain de veiller à cet assainissement.

2° Les conditions de la propagation de la fièvre typhoïde, les moyens de s'y opposer sont mainte-

Contraste insuffisant

NF Z 43-120-14

nant assez bien connus pour que l'on puisse en-
rayer d'une façon efficace le développement d'une
maladie qui tous les ans fait 1,300 victimes dans
l'armée, environ 20,000 dans la population civile,
et menace de compromettre la défense nationale.

Une discussion s'étant engagée, à l'occasion de la
première des conclusions précédentes, sur les pouvoirs
de l'administration en matière sanitaire, M. Monod,
directeur de l'Assistance publique en France, a présenté, dans la séance du 12 novembre, les observations
suivantes :

MESSIEURS, .

Le rapport de M. Brouardel, si important, et qui
sera, je l'espère, fécond en résultats pratiques, a fait
ressortir avec une absolue évidence que l'insalubrité
de certaines villes est la cause directe de nombreuses
épidémies de fièvre typhoïde. Il a montré en même
temps que les moyens de combattre la fièvre typhoïde
sont maintenant assez connus pour que l'on puisse
arrêter la propagation de cette maladie. Il a exprimé
l'opinion que la loi ne saurait sans danger laisser aux
municipalités le droit souverain de faire ou de ne pas
faire les travaux d'assainissement nécessaires.

L'un de nos collègues, l'honorable M. Dupré, s'est
demandé si la loi de 1884 laissait, en effet, aux municipalités ce pouvoir souverain; si l'article 99 de cette
loi n'armait pas suffisamment les préfets pour qu'ils
puissent, à défaut des maires, prescrire les moyens
d'assainissement reconnus nécessaires, et le comité a
été ainsi amené à examiner quels sont les pouvoirs
que la loi donne à l'administration en matière sanitaire. Il y a grand intérêt à les connaître, et je me
propose d'examiner rapidement quelle est la législa-

tion à cet égard, et comment cette législation a été interprétée par la jurisprudence.

Je n'insisterai pas longtemps sur la loi du 13 avril 1850 concernant les logements insalubres. Il y a de bonnes parties dans cette loi ; mais, aurait-elle toutes les qualités, elle a un défaut qui les ruine toutes : elle est morte. Voilà plus de trente-huit ans qu'elle pourrait fonctionner et qu'elle ne fonctionne pas. Il n'y a pas plus de quatre à cinq villes en France où les commissions des logements insalubres ont une existence sérieuse. (1). Un tel fait juge la loi. Disons seulement qu'une fois une épidémie en action, la procédure et les délais qu'impose la loi de 1850 la rendent inapplicable. Pour prendre des mesures préventives, elle n'est pas plus efficace. Les personnes chargées par la loi de l'exécuter n'ont ni l'une ni l'autre des deux qualités qui leur seraient nécessaires : l'indépendance et la compétence. Et si par aventure il se rencontre un conseil municipal indépendant, qui place le souci de la santé publique avant les préoccupations électorales, et assez éclairé pour prescrire cette première condition de tout assainissement, la présence d'eau dans les maisons, le conseil de préfecture d'abord, le conseil d'État ensuite annulent ses décisions, par la raison que « *l'absence d'eau dans une maison ne constitue pas une cause d'insalubrité inhérente à l'habitation* (2). » Ce serait se leurrer que de faire grand fond sur la loi de de 1850 pour combattre la fièvre typhoïde.

Je ne m'arrêterai pas non plus à la loi du 3 mars 1822. Cette loi terrible, qui édicte à chaque article la peine de mort, le gouvernement n'ose pas l'appliquer. En 1884, M. Paul Bert prenait l'initiative d'une proposition de loi tendant à armer l'administration pour la

---

(1). A.-J. Martin. *Travaux du comité consultatif d'hygiène*, t. XIV, p. 83.

(2) Conseil de préfecture de la Seine, 1er décembre 1880. Conseil d'État, 11 novembre 1881.

lutte contre l'épidémie qui s'avançait à grands pas. La
Chambre prononça l'urgence et une commission fut
chargée d'examiner cette proposition. Le gouvernement dit à la commission : Nous n'avons pas besoin
de lois nouvelles ; nous sommes suffisamment armés
par la loi de 1822. Sur cette affirmation, la proposition
de loi fut retirée (1). Cependant ni en 1884, ni en 1885,
aucun décret ne fut pris, en exécution de l'article 1er
de la loi du 3 mars 1822, pour rendre cette loi applicable. Aucune des six cent vingt-cinq communes succes-
sivement atteintes par le choléra (2) ne fut protégée par
l'application de cette loi. C'est au commencement de
1886 que se produisit, pour la première fois, si je ne me
trompe, une application complète de la loi du 3 mars :
c'est celle que notre président nous rappelait il y a
quelques jours, et qui eut pour premier effet l'envoi
dans le Finistère, comme délégué du gouvernement,
de notre collègue M. le docteur Charrin. Mais, là encore,
que d'hésitations ! que de tâtonnements ! « La maladie
est apparue à Concarneau le 18 septembre 1885 » (3) ; le
gouvernement a été tenu jour par jour au courant de

---

(1) « J'ai eu l'honneur, il y a quelques jours, de déposer sur
le bureau de la Chambre une proposition de loi édictant certaines
mesures de précautions à prendre contre la propagation du choléra.

« La Chambre a bien voulu. ce dont je la remercie, accorder à
cette proposition de loi le bénéfice de l'urgence. La commission
s'est réunie, et à la suite d'explications échangées entre M. le ministre du commerce et la commission, j'ai cru qu'il était bon,
expédient et utile, au point de vue de la promptitude des décisions
à prendre, de retirer ma proposition.

« En effet, M. le ministre du commerce a dit, devant la commission, que, sans discuter les détails de la proposition de loi que
j'avais soumise à la Chambre, *il trouvait dans la législation exis-
tante des armes au moins aussi puissantes et aussi efficaces, que
cette proposition était inutile parce qu'elle ne réglait que certains
détails d'un ensemble de mesures qui avaient été prévues et orga-
nisées par la loi du 3 mars 1822.* » (Discours de M. Paul BERT à
la Chambre des députés. Séance du 24 juillet 1884.)

(2) Recueil des travaux du comité consultatif, tome XVI,
page 560.

(3) Dr PROUST. Travaux du comité consultatif, t. XVI, p. 68.

la marche de l'épidémie ; et cependant ce n'est que le 29 janvier 1886, plus de quatre mois après son apparition, que fut pris le décret prescrivant l'application de la loi de 1822 (1). L'épidémie du Finistère a causé 719 décès ; 680 s'étaient produits avant l'arrivée du délégué du gouvernement. Je cite ces faits parce qu'ils montrent combien apparaît dangereux le maniement de la loi de 1822, et avec quelle répugnance le gouvernement se décide à y avoir recours. Si l'on est amené à préparer une loi nouvelle, cette leçon sera utile ; l'on se rappellera qu'outrer la sévérité dans une loi, c'est la frapper d'impuissance.

J'en viens à la loi de 1884, et d'abord je lis le texte des articles 91, 97 et 99 de cette loi :

ART. 91. — Le maire est chargé, sous la surveillance de l'administration supérieure... de la police municipale... et de l'exécution des actes de l'autorité supérieure qui y sont relatifs.

ART. 97. — La police municipale a pour objet d'assurer... la salubrité publique.

Elle comprend notamment :

..... 6° Le soin de prévenir, par des précautions convenables et celui de faire cesser par la distribution des secours nécessaires... les maladies épidémiques ou contagieuses...

ART. 99. — Les pouvoirs qui appartiennent au maire, en vertu de l'article 91, ne font pas obstacle au droit du préfet de prendre pour toutes les communes du département ou plusieurs d'entre elles, et dans tous les cas où il n'y aurait

---

(1) Voir ce décret dans le recueil des travaux du comité consultatif, t. XVI, p. 550. Aux termes de l'article 1er de la loi de 1822, « les ordonnances du roi ou les actes administratifs qui prescriront l'application des dispositions de la présente loi à une portion du territoire français seront, ainsi que la loi elle-même, publiés et affichés dans chaque commune qui devra être soumise à ce régime. » Nous ne connaissons pas d'autre application de cet article à l'intérieur de la France que le décret du 29 janvier 1886.

pas été pourvu par les autorités municipales, toutes mesures relatives au maintien de la salubrité publique.

Ce droit ne pourra être exercé par le préfet, à l'égard d'une seule commune, qu'après une mise en demeure au maire restée sans résultat.

Est-il vrai que l'article 99 de cette loi ait créé un état de choses nouveau, qu'il ait donné à l'administration supérieure des armes suffisantes pour qu'elle puisse sauvegarder efficacement la santé publique, lorsque les municipalités restent inactives? Ni les termes de la loi, ni les principes généraux du droit administratif, ni la jurisprudence ne permettent de répondre par l'affirmative.

Remarquez ces termes de l'article 99 : *dans tous les cas où il n'y aurait pas été pourvu par les autorités municipales.* Il résulte de ce texte qu'il s'agit bien ici de mesures de police municipale. Il est donc très douteux que les préfets puissent faire plus que les maires ne pourraient faire eux-mêmes ; c'est à défaut des maires, des « autorités municipales », qu'ils ont qualité pour agir en vertu de la loi de 1884.

La question revient donc à celle-ci : quels sont les les pouvoirs que la loi de 1884 donne à un maire pour sauvegarder, pour maintenir, dit la loi, pour établir, faudrait-il dire presque toujours, la salubrité dans sa commune? Que peut-il faire, soit à l'égard de sa commune, soit à l'égard des particuliers?

A l'égard de sa commune, il ne peut exécuter aucun travail entraînant une dépense, si le conseil municipal n'a voté des fonds pour faire face à cette dépense. Que la nécessité, que l'urgence des travaux soit surabondamment démontrée, que la santé des citoyens soit évidemment en péril, que l'arrêté pris par le maire soit en lui-même inattaquable, aucun pouvoir au monde ne peut contraindre le budget communal à supporter la dépense, si cette dépense n'entre dans aucune des catégories de dépenses obligatoires qu'énumère l'article 136 de la loi de 1884. Or, quelles sont donc les mesures concernant la salubrité qui n'aboutissent pas à une dépense ?

Même en pleine épidémie, cette question d'argent a parfois paralysé les meilleures volontés. Il y a quelques années, le choléra éclate dans une commune. Le médecin des épidémies arrive. Il est porteur d'une lettre de l'inspecteur général des services sanitaires, d'une dépêche du ministre du commerce lui donnant pleins pouvoirs, l'autorisant à prescrire d'office les mesures sanitaires. Il examine. Il faudrait, lui semble-t-il, isoler immédiatement les malades. Un casino est là, inutilisé. L'on est au mois de novembre. Il faut occuper le casino, dit-il. Le maire prépare un arrêté ordonnant cette occupation. Le préfet survient. S'il y a des indemnités à payer, qui les paiera? demande-t-il. La loi n'a rien prévu à cet égard. La dépense n'est obligatoire ni pour le département ni pour la commune. Si les indemnités à payer sont considérables, quelle sera votre situation à vous, maire, qui aurez pris l'arrêté ; à vous, médecin des épidémies, qui l'aurez provoqué; à moi, préfet, qui l'aurai sanctionné? Et il ne fut donné aucune suite à l'arrêté municipal.

Si les choses se passent ainsi pendant une épidémie de choléra, jugez de ce que peut un maire devant toute autre épidémie, de ce qu'il pourrait s'il voulait engager des dépenses, non plus pour réprimer, mais pour prévenir des épidémies ! Vraiment, au point de vue de la salubrité, les droits que lui donne l'article 97 sont bien près d'être platoniques. « La police municipale, dit cet article, comprend le soin de faire cesser *par la distribution des secours nécessaires* les maladies épidémiques ou contagieuses. » Mais si ces *secours nécessaires* existent, s'ils sont venus au maire, de la commune ou d'ailleurs, il n'avait sans doute pas besoin de l'article 97 pour les distribuer. Et s'il ne les a pas, s'ils ne sont mis à sa disposition ni par la commune, ni par l'État, ni par personne, où les prendra-t-il ? Ce n'est pas l'article 97 qui les lui donnera.

Voilà pour les mesures d'un caractère communal.

L'impuissance des autorités municipales à l'égard des particuliers n'est pas moins démontrée. Il me suffira, pour l'établir, de faire passer sous les yeux du comité quelques décisions judiciaires.

Le principe qui domine la matière est celui-ci :

« Si le maire peut, dans un intérêt de salubrité publique, enjoindre aux propriétaires de faire exécuter des travaux d'assainissement, il ne peut pas prescrire un moyen exclusivement obligatoire de faire disparaître les causes d'insalubrité (1). »

Voyons maintenant l'application de ce principe à quelques espèces.

Un maire prescrit à des propriétaires de combler au moyen de remblais des mares et flaques d'eau insalubres. Jugé que le maire a excédé ses pouvoirs, parce que la loi ne lui permettait pas de déterminer la nature des travaux à effectuer (2).

Un maire ordonne le curage d'une fosse qui lui paraît être une cause d'insalubrité : « Est illégal et non obligatoire l'arrêté du maire prescrivant au propriétaire d'une maison la vidange d'une fosse qui n'est pas pleine (3). »

Un maire ordonne qu'un propriétaire assainira sa maison en y amenant de l'eau :

« Si l'autorité municipale est investie du droit d'ordonner les mesures de police intéressant la salubrité publique, ces mesures ne sauraient porter atteinte au droit de propriété.

« Porte atteinte au droit de propriété l'arrêté qui enjoint au propriétaire de faire dans sa maison des modifications ou des améliorations visant seulement des intérêts privés, et ordonne, spécialememoment, d'amener l'eau dans une maison particulière. *Ce n'est pas là une mesure intéressant la*

---

(1) Cour de cassation, 27 juin 1879.
(2) Cour de cassation, 23 juillet 1861.
(3) Cour de cassation, 26 novembre 1887.

*salubrité publique, mais seulement le bien-être et la commodité
des locataires.*

« A supposer l'établissement de l'eau indispensable à
l'assainissement de la maison, cet établissement ne peut
être ordonné qu'après l'accomplissement des formalités
spéciales édictées par la loi du 13 avril 1850. (1) »

Nous avons déjà vu que si l'autorité municipale
prend cette voie et se plie docilement à toutes les formalités de la loi de 1850, lorsqu'elle arrive au terme
de cette longue procédure elle se heurte au conseil
d'Etat, qui lui dit : « L'absence d'eau ne constitue pas
une cause d'insalubrité inhérente à l'immeuble. »

Mais voici une espèce plus intéressante encore.

Le 27 septembre 1884, le maire de Caen prenait l'arrêté suivant :

« Le maire de la ville de Caen,

« Vu l'article 97 de la loi du 5 avril 1884 ;

« Vu l'avis de la commission d'hygiène ;

« Considérant qu'il est du devoir du maire de prendre
toutes les mesures nécessaires pour prévenir et arrêter les
maladies épidémiques ; que plusieurs cas de fièvre typhoïde
se sont déclarés dans le quartier Saint-Julien ;

« Considérant qu'il existe, rue aux Juifs Saint-Julien,
dans une cour servant d'accès à diverses propriétés, un
puits absorbant ou bétoire recevant les eaux ménagères des
habitations ; que ce puits absorbant contient des matières
en putréfaction ; qu'il exhale de mauvaises odeurs et qu'il
peut par des infiltrations dans le sol contaminer les eaux
souterraines servant à l'alimentation des habitants du
quartier ;

« Considérant qu'avertis plusieurs fois d'avoir à modifier
l'état des lieux, les propriétaires s'y sont constamment
refusés ;

« ARRÊTE :

« ARTICLE PREMIER. — Dans le délai d'un mois, à partir de
ce jour, la bétoire dont il s'agit devra être supprimée......

---

(1) Tribunal de simple police de Paris, 7 février 1885.

Le propriétaire défère l'arrêté pour excès de pouvoir au conseil d'Etat. En même temps il se refuse à l'exécution. Il est poursuivi, en vertu de l'article 471 du code pénal, devant le tribunal de simple police et acquitté. Pourvoi du ministère public. Le 25 juillet 1885, la cour de cassation rend l'arrêt suivant :

« La cour,

« Sur le moyen unique, tiré de la violation de l'article 471, § 15, du code pénal et de l'article 97 de la loi du 5 avril 1884 ;

« Vu lesdits articles ; vu l'arrêté du maire de Caen, du 27 septembre 1881, qui enjoint au sieur Beaujour de supprimer dans le délai d'un mois le puits absorbant existant sur sa propriété ;

« Attendu que cette disposition de l'arrêté qui prescrit la suppression du puits absorbant comme moyen exclusivement obligatoire d'en faire disparaître les émanations, lorsqu'il pouvait en exister d'autres tout aussi efficaces et moins onéreux pour le propriétaire, constitue une atteinte au droit de propriété et un excès de pouvoir ; que la loi de 1884 ci-dessus visée a chargé les maires de prévenir par des précautions convenables les accidents et les fléaux, les maladies épidémiques ou contagieuses, mais ne les a pas autorisés à déterminer eux-mêmes la nature et l'importance des travaux qui doivent être effectués ; qu'il suit de là qu'en relaxant l'inculpé de la poursuite dirigée contre lui, par le motif que l'arrêté était illégal, le jugement attaqué, loin d'avoir violé la loi, en a fait une juste et saine application ;

« Rejette, etc.

Cependant l'affaire se poursuivait devant le conseil d'Etat qui rendait, le 7 mai 1886, l'arrêt que voici :

« Le conseil d'Etat, etc ;

« Vu la requête présentée pour le sieur Beaujour, demeurant à Caen... tendant à ce qu'il plaise au Conseil d'annuler, pour cause d'excès de pouvoirs, un arrêté en date du 27 septembre 1881, par lequel le maire de Caen a ordonné la suppression, dans le délai d'un mois, d'un puisard établ dans la propriété du requérant et a mis ce dernier en demeure d'exécuter les travaux nécessaires pour arriver à cette suppression.....;

« Vu la loi des 7-14 octobre 1790 et 24 mai 1872 ;

« Vu la loi du 5 avril 1844, art. 97.....;

« Considérant que le sieur Beaujour avait établi dans sa propriété un puisard non étanche, pour écouler souterrainement les eaux pluviales et ménagères qu'il recevait; que le maire de Caen n'a pas interdit au sieur Beaujour d'avoir un récipient pour lesdites eaux ou d'en assurer l'écoulement par tels autres moyens qu'il jugerait convenables; que, en présence des cas de fièvre typhoïde qui s'étaient déclarés dans le voisinage et sur l'avis conforme de la commission d'hygiène du conseil municipal, qui signale le puisard dont s'agit comme cause d'insalubrité, il s'est borné, par application des articles 94 et 97, § 1, de la loi du 5 avril 1884, à ordonner la suppression du foyer d'infection tel qu'il se comportait, sans déterminer d'ailleurs ni la nature, ni l'importance des travaux à exécuter; qu'en agissant ainsi le maire de Caen n'a pas excédé la limite de ses pouvoirs ;

« DÉCIDE :

« La requête du sieur Beaujour est rejetée. »

Il faut avouer que le maire se trouve dans une situation bien bizarre. Son arrêté est déclaré légal par le conseil d'Etat, et il ne peut pas le faire exécuter, parce qu'il est déclaré illégal par la cour de cassation.

J'ai voulu savoir quelle suite avait eue l'affaire; et j'ai écrit au maire. J'emprunte quelques lignes à sa réponse :

Caen, le 11 novembre 1888.

« Mon cher directeur,

« Tout meurtri par l'arrêt de cassation qui m'avait convaincu d'avoir attenté à la propriété de mes concitoyens, je suis resté en contemplation respectueuse devant les deux puisards...

« Les choses se sont quelque peu modifiées depuis 1884. Des constructions nouvelles ont été élevées dans les ter-

rains Beaujour et comme elles sont en contre-bas des rues,
l'on s'est empressé de faire de nouveaux puisards autour
du précédent ; ..

« Le puisard de Biéville a été l'objet d'un procès entre les
différents propriétaires qui y déversent en commun leurs
impuretés. Le tribunal en a ordonné le maintien, voire
même l'agrandissement, avec des travaux destinés à donner
une plus grande facilité d'absorption aux couches inférieures..

Signé : MÉRIEL.

Telle est la jurisprudence. C'est en vain que des
jurisconsultes ont protesté contre elle. C'est en vain
qu'à propos de l'arrêt de 1864 que j'ai cité, l'arrêtiste
du recueil Dalloz écrivait : « Conférer à l'autorité municipale le droit de prendre des précautions convenables pour prévenir les épidémies, c'est évidemment
l'établir juge des moyens qui peuvent atteindre ce
but. Comment cette autorité pourrait-elle remplir
l'importante mission confiée à sa vigilance si elle de·
vait s'en rapporter aux essais divers que feraient les
habitants, et si elle n'avait pas le droit de prescrire
l'emploi des moyens dont elle a fait étudier et cons-
tater l'efficacité ? » Aucune observation n'a prévalu
contre une jurisprudence qui s'est affirmée de plus en
plus dans le sens de l'interprétation la plus étroite de
la loi. Prendre pour prévenir les épidémies des *précautions convenables*, c'est prendre les précautions qui
conviennent aux propriétaires, à la commune, à tous
ceux qui, pour ménager leur bourse, empêchent d'être
prises les mesures vraiment convenables, c'est-à-dire
qui conviennent à la préservation du mal qu'il s'agit
d'écarter.

Ces précautions vraiment convenables, ce serait
pour la commune d'avoir de l'eau saine et des égouts ;
ce serait pour les propriétaires d'amener de l'eau dans
leurs maisons, d'être rattachés à l'égout commun, et
de se défendre à l'intérieur par des fermetures hy-
drauliques. Mais ces précautions convenables, les

seules convenables, elles ne peuvent pas, en dépit de
l'article 97 de la loi de 1884, être prises par l'autorité
municipale.

Or, j'ai déjà montré que ces mesures, ne pouvant
pas être prises par l'autorité municipale, ne peuvent
pas davantage être prises par les préfets. Toutes les
fois que l'application de l'article 99 sera l'occasion
d'une dépense, d'avance, comme les maires, ils sont
désarmés.

Je m'empresse d'ajouter qu'il y a des cas où maires
et préfets pourraient agir dans l'intérêt de la salubrité
en vertu des articles 97 et 99, ce serait ceux où leur
action n'entraînerait aucune dépense à la charge d'aucun
budget. Je suis convaincu par exemple que si une commune s'était décidée à lutter énergiquement contre la
fièvre typhoïde, si elle faisait les travaux nécessaires,
si le conseil municipal s'associait par le vote de
crédits à l'action du maire, si, pour que toutes ces
bonnes volontés pussent agir efficacement, il était
reconnu indispensable de connaître immédiatement
l'apparition de tout cas de maladie transmissible, je
suis convaincu que le maire dans sa commune, que le
préfet dans une ou plusieurs communes, auraient l'un
et l'autre le droit d'ordonner la dénonciation de ces
maladies, même aux médecins. Pour ceux-ci la question
pouvait paraître douteuse jusqu'à ces derniers temps.
Mais notre honorable président, avec l'autorité qu'il a en
ces matières, a déclaré, constaté que « la révélation du
nom des maladies épidémiques, comme la variole, la scar-
latine, etc., ne constitue certainement pas la violation
d'un secret (1) ». Dès lors le maire ou le préfet, en prescrivant cette révélation, ne violerait aucun principe, il
ne ferait que prendre une mesure intéressant au plus
haut point le maintien de la salubrité publique.

L'on pourrait peut-être citer encore quelques exem-

---

(1) Brouardel, le *Secret médical*, page 91.

ples analogues, mais ce sont là des exceptions. La grande loi, c'est que toutes mesures d'assainissement, et particulièrement celles dont le rapport de M. Brouardel établit la nécessité, entraînent des dépenses, et que, pour prendre ces mesures, la loi de 1884 n'a donné ni au préfet ni au maire des armes efficaces.

Faut-il donc reconnaître que, devant des faits tels que ceux que M. Brouardel nous a cités, le gouvernement est définitivement impuissant? qu'il faut qu'il provoque une loi nouvelle et qu'il en attende la promulgation pour pouvoir défendre ses garnisons et défendre la population tout entière contre une maladie qui n'est due qu'à l'état insalubre des villes? Je ne le pense pas.

Il existe une loi qui permet d'agir, qui donne les moyens d'agir, qui met chaque chose à sa place, qui impose la charge à ceux qui doivent la supporter, et au moyen de laquelle demain, s'il le veut, le gouvernement, averti par le rapport de M. Brouardel, peut commencer la lutte active contre la fièvre typhoïde et entreprendre l'assainissement de quelques-unes de nos villes. Cet assainissement, nous le savons maintenant, ce n'est pas par de pauvres petites mesures de police municipale qu'il pourra être assuré, c'est par de véritables travaux publics. La loi qui permet au gouvernement d'exécuter ces travaux de salubrité, c'est la loi du 16 septembre 1807.

Voici le texte des articles 35, 36 et 37 de cette loi :

Art. 35. — Tous les travaux de salubrité qui intéressent les villes et les communes seront ordonnés par le gouvernement et les dépenses supportées par les communes intéressées.

Art. 36. — Tout ce qui est relatif aux travaux de salubrité sera réglé par l'administration publique; elle aura égard, lors de la rédaction du rôle de la contribution spéciale destinée à faire face aux dépenses de ce genre de travaux, aux avantages immédiats qu'acquerraient telles ou telles propriétés privées pour les faire contribuer à la décharge de la commune dans des proportions variées et justifiées par les circonstances.

ART. 37.—L'exécution des deux articles précédents restera dans les attributions des préfets et des conseils de préfecture.

Dira-t-on que ces articles de la loi de 1807 sont abrogés? Que l'on dise que leur application est rare, qu'elle est délicate, qu'ils donnent au gouvernement un pouvoir si considérable que les conditions qu'ils imposent à l'exercice de ce pouvoir, et qui constituent des garanties pour les citoyens, sont de droit étroit, j'en tombe d'accord. Mais je me demande sur quoi l'on pourrait se fonder pour prétendre qu'ils sont abrogés.

Ils ont été plus d'une fois appliqués (1). Ils viennent de l'être tout récemment dans une espèce infiniment moins favorable à notre thèse que ne le serait la présence à l'état endémique de la fièvre typhoïde dans une ville.

Il s'agissait de l'épuration des eaux de l'Espierre. Cette épuration était réclamée par la Belgique, les eaux de l'Espierre arrivant contaminées sur le sol belge. C'est au moyen des articles 35, 36 et 37 de la loi de 1807 que les travaux d'épuration ont été ordonnés et mis à la charge des communes de Tourcoing et de Roubaix. Notez qu'ici la cause d'insalubrité à supprimer n'existait pas sur le territoire de la commune, pas même sur le territoire français. C'est de là que pouvait naître le doute. La question a été discutée en effet, et il a été reconnu par le conseil général des ponts et chaussées d'abord, et ensuite par le conseil d'Etat, que les termes de la loi de 1807 étaient absolus; que, même hors de son territoire, une commune pouvait être contrainte

---

(1) Voir notamment le décret du 20 mai 1863 ordonnant les travaux de salubrité nécessaires pour l'assainissement de la vallée de la Dives; le décret du 8 octobre 1866 ordonnant les travaux d'assainissement du ru de Marival; les arrêts du conseil d'Etat du 16 juillet 1870, du 3 décembre 1875, etc., etc.

de supprimer les causes d'insalubrité qu'elle a laissé se produire.

Voici des extraits de la discussion qui a eu lieu devant le conseil général des ponts et chaussées. Ils me paraissent éclairer la question d'une complète lumière. Des objections même présentées au cours de cette discussion, toutes dues aux circonstances exceptionnelles de l'affaire, il résulte qu'aucune n'eût été soulevée s'il se fût agi de travaux de salubrité à exécuter sur le territoire d'une seule commune.

« Quelques membres soutiennent que la loi du 16 septembre 1807 n'est pas applicable dans l'espèce.

« Il ne s'agit pas, en effet, d'exécuter, sur le territoire de chaque commune, des travaux d'assainissement profitables à cette commune, mais bien d'établir près de la frontière, dans l'intérêt exclusif de la Belgique, une usine où l'on traitera les eaux contaminées provenant des diverses communes du bassin.

« On ne peut pas imposer un semblable travail à ces communes, ni les syndiquer d'office, pour en assurer l'exécution, si elles ne s'entendent pas pour le faire en commun, dans les conditions prévues par l'article 116 de la loi municipale du 5 avril 1884.

« On est ici en présence, non d'un intérêt communal, mais d'un intérêt international.

« L'Etat doit prendre l'affaire en main et exécuter lui-même le projet présenté, après l'avoir fait déclarer d'utilité publique, en se réservant d'exercer son recours contre les communes et les usiniers, par toutes les voies de droit.

« On objecte contre cette manière de voir que ce n'est pas l'Etat qui a créé la situation actuelle.

« Les communes qui ont laissé se produire, par leur faute, le dommage qu'il s'agit de réparer, doivent en être rendues responsables.

« L'Etat n'a pas à se substituer à elles pour le faire cesser, et *il ne doit intervenir que pour vaincre leur inertie ou leur mauvais vouloir*.

« S'il entrait dans la voie indiquée, il créerait un précédent très fâcheux, qui serait inévitablement invoqué contre lui par toutes les communes *auxquelles il voudrait ultérieurement imposer des travaux d'assainissement*.

« Suivant d'autres membres, la loi du 16 septembre 1807 est générale. Elle ne vise pas seulement les travaux de salubrité à exécuter par les communes dans leur propre intérêt, et elle s'applique également aux travaux de salubrité à entreprendre dans l'intérêt des tiers.

« On ne saurait contester que chaque commune est tenue de faire le nécessaire pour que les eaux contaminées sur son territoire ne portent pas préjudice au territoire voisin...

« D'autres membres, s'appuyant sur le caractère général de la loi du 16 septembre 1807, soutiennent, à l'encontre des préopinants, que cette loi est applicab'e aux travaux d'intérêt commun à exécuter par plusieurs communes ; qu'elle permet dès lors, dans l'espèce, d'imposer aux diverses communes du bassin des l'Espierre le travail d'ensemble projeté, et que ce travail peut être immédiatement déclaré d'utilité publique.

« C'est là le point de vue auquel le conseil et l'administration se sont placés dès l'origine.

« Dans un avis du 9 mars 1876, approuvé par le ministre le 26 mars suivant, le conseil a affirmé la responsabilité des communes de Roubaix et de Tourcoing, et l'obligation qui leur incombait de faire cesser un état de choses devenu intolérable. Il a déclaré que l'administration avait le droit et le devoir d'intervenir, en invoquant les lois des 8 janvier 1790 et 16 septembre 1807, et il a proposé de menacer les communes de cette intervention.

« L'année suivante, le 2 août 1877, le ministre des travaux publics a mis les communes de Roubaix et de Tourcoing en demeure de s'entendre, par l'intermédiaire d'une commission intercommunale, pour présenter, dans un délai de trois mois, un projet d'épuration des eaux de l'Espierre, avec indication des voies et moyens d'exécution, et il les a informées que, *faute par elles d'obtempérer à cette injonction, il serait procédé conformément aux articles* 35, 36 *et* 37 *de la loi du* 16 *septembre* 1807.

« Cette mise en demeure n'a pas abouti immédiatement ; mais les communes de Roubaix et de Tourcoing ont fini par entrer dans la voie qui leur était indiquée : elles ont fait faire à leurs frais les études nécessaires, et ces études ont abouti au projet d'ensemble, qui vient d'être mis à l'enquête, après avoir été pris en considération par le conseil.

« On a obtenu ainsi un résultat considérable.

« Les communes de Roubaix et de Tourcoing ne contestent plus, en effet, l'obligation qui leur incombe d'épurer leurs eaux, et il ne s'agit plus aujourd'hui que de choisir le meilleur mode d'épuration à adopter.....

« Si l'on admet, d'ailleurs, que les travaux projetés peuvent être déclarés d'utilité publique, par application de la loi du 16 septembre 1807, on doit admettre, comme conséquence, que ces travaux incombent de droit aux communes. Ils ne rentrent pas, dès lors, dans la catégorie des travaux facultatifs d'intérêt commun pour lesquels le mode d'entente des communes a été réglé par l'article 116 de la loi du 5 avril 1884, et *ils constituent une dépense obligatoire qui peut et doit, au besoin, être inscrite d'office au budget des communes*, en vertu de l'article 149 de cette loi.....

Le conseil .. émet l'avis qu'il y a lieu de déclarer d'utilité publique, par application des articles 35, 36 et 37 de la loi du 16 septembre 1807, les travaux à exécuter pour l'assainissement du ruisseau de l'Espierre...

Conformément à l'avis du conseil des ponts et chaussées, un décret du président de la république, rendu en conseil d'Etat, et en date du 22 février 1887, ordonna l'exécution des travaux :

Le président de la république française,
Sur le rapport du ministre des travaux publics,
Vu etc.....
Vu les avis du conseil général des ponts et chaussées, en date des 25 janvier et 28 octobre 1886 ;
Vu la lettre du président du conseil, ministre des affaires étrangères, en date du 8 décembre 1886 ;
Vu la lettre du président du conseil, ministre de l'intérieur, du 29 décembre 1886 ;
Vu la lettre du ministre de l'agriculture du 10 janvier 1887 ;
Vu la loi du 16 septembre 1807 ;
Vu la loi du 3 mai 1841 ;
Le conseil d'Etat entendu,

DÉCRÈTE :

ARTICLE PREMIER. — Il sera procédé à l'exécution des travaux nécessaires pour assurer l'épuration des eaux de l'Espierre, conformément aux dispositions générales de l'avant-projet ci-dessus visé.

Ces travaux sont déclarés d'utilité publique.

Art. 2. — Les communes du bassin de l'Espierre qui laissent écouler dans ce ruisseau des eaux insalubres devront soumettre à l'approbation du ministre des travaux publics le projet définitif des travaux, dressé conformément aux dispositions générales dudit avant-projet, dans un délai de six mois à partir de la promulgation du présent décret.

Elles devront avoir commencé les travaux dans le délai de trois mois à partir de la date de la décision portant approbation du projet d'exécution, et les poursuivre sans interruption, de manière à les avoir terminés dans un délai maximum de deux ans à partir de la date du présent décret.

Enfin elles seront tenues de pourvoir, sous le contrôle du ministre des travaux publics, au fonctionnement continu de l'usine pour assurer l'épuration des eaux.

Art. 3. — Les communes supporteront les dépenses de premier établissement et les frais annuels résultant du fonctionnement du service d'épuration, sous déduction des subventions allouées par l'État, conformément à l'article 5 ci-après. Chaque commune participera à la dépense dans la proportion du volume et du degré d'infection des eaux insalubres qu'elle laissera écouler dans le ruisseau, sauf recouvrement à son profit des contributions qui pourront être établies, conformément aux dispositions de l'article 36 de la loi du 16 septembre 1807, sur les auteurs de la contamination.

Art. 4. — Un règlement d'administration publique déterminera ultérieurement, à défaut d'accord entre les communes, les règles d'après lesquelles seront calculés le volume et le degré d'infection des eaux évacuées par chacune d'elles:

1° Pour la répartition des dépenses d'établissement;

2° Pour la répartition annuelle des frais d'exploitation de l'usine centrale d'épuration.

Un règlement d'administration publique déterminera également les conditions dans lesquelles les particuliers qui déversent dans les égouts et cours d'eaux des eaux non épurées pourront être tenus de contribuer uax dé-

-penses, à la décharge des communes, conformément à l'article 30 de la loi du 16 septembre 1807.

Art. 5.— L'État contribuera aux frais de premier établissement pour moitié de la dépense effective des travaux sans que le montant de ce concours puisse, en aucun cas, excéder le maximum de trois cent mille francs (300,000 fr.).

Il accordera, en outre, à titre de part contributive aux frais de fonctionnement, pendant les quatre premières années, une subvention qui sera fixée à vingt-cinq mille francs (25,000 fr.) par an.

Art. 6 — Si les communes n'ont pas, dans les délais impartis par les paragraphes 1 et 2 de l'article 2, présenté le projet définitif, commencé, poursuivi sans interruption et terminé les travaux, conformément aux dispositions qui auront été arrêtées par le ministre des travaux publics, il sera pourvu d'office à l'exécution de ces travaux par les soins dudit ministre et pour le compte des communes, par application de l'article 35 de la loi du 16 septembre 1807.

Faute par les communes de se conformer, pour l'exploitation de l'usine, aux prescriptions du présent décret et aux dispositions des projets approuvés, il y sera également pourvu d'office et à leurs frais, après mise en demeure, par les soins du ministre des travaux publics, en exécution du même article.

Art. 7. — Le montant de la part contributive de l'État sera imputé, savoir :

En ce qui concerne les frais de premier établissement, sur les fonds inscrits annuellement à la deuxième section du budget du ministère des travaux publics, pour l'établissement et l'amélioration des canaux de navigation.

En ce qui concerne les frais annuels de fonctionnement, sur les fonds inscrits à la première section du même budget, pour l'entretien et les grosses réparations des canaux.

Art. 8. — Les communes du bassin de l'Espierre sont autorisées à poursuivre, au lieu et place de l'État, l'expropriation des terrains nécessaires à l'exécution des travaux, en se conformant aux dispositions des titres II et suivants de la loi du 3 mai 1841 sur l'expropriation pour cause d'utilité publique.

Lesdites expropriations devront être réalisées dans un

délai de deux ans à partir de la date du présent décret; passé ce délai, la déclaration d'utilité publique ci-dessus prononcée sera considérée comme non avenue.

ART. 9. — Le ministre des travaux publics est chargé de l'exécution du présent décret, qui sera inséré au *Bulletin des lois* et au *Journal officiel*.

Fait à Paris, le 22 février 1887.

Signé : JULES GRÉVY.

Le ministre des travaux publics,

Signé : E. MILLAUD.

Ce précédent, si récent, venant s'ajouter à d'autres plus anciens, a une portée considérable. Il est de nature, me semble-t-il, à causer une grande satisfaction au comité. Si le gouvernement a pu, en vertu de l'article 35 de la loi de 1807, contraindre des communes à épurer leurs eaux pour préserver la santé des Belges, comment soutiendrait-on qu'il ne peut en contraindre d'autres à épurer leurs eaux et à évacuer leurs vidanges pour préserver la santé de nos compatriotes, pour préserver celle des soldats français? Le gouvernement a là une arme dont le rapport de M. Brouardel va lui permettre de se servir, au grand bénéfice de la santé publique. Et l'opinion accueillera d'autant plus volontiers son action, que l'on aura mieux fait ressortir dès l'abord que c'est à l'occasion des ravages causés par la fièvre typhoïde dans nos garnisons, et par conséquent en grande partie en faveur de l'armée nationale, que son initiative aura été éveillée.

A un autre point de vue encore, il est favorable, pour assurer les travaux d'assainissement dont M. Brouardel vient de démontrer la nécessité et l'urgence, de faire usage de la loi de 1807. Personne n'a pensé, sans doute, que ces travaux pourront se faire sans dépenses. Qui les paiera? Chaque fois que nous réclamons quelque satisfaction aux exigences de l'hygiène publique, nous nous heurtons à cette objection : Encore des charges pour la commune! Encore des centimes ! Les budgets communaux sont pressurés ! Je ne dis pas qu'il n'y ait souvent quelque exagération dans ces plaintes. Je reconnais, d'autre part, que s'il est une charge qui, moralement, s'impose à une commune, c'est celle de prendre les mesures d'un intérêt collectif qui peuvent mettre ses habitants à l'abri des causes collectives d'insalubrité.

Il y a cependant quelque chose de fondé dans le sentiment, un peu confus peut-être, mais très général, qu'il n'est pas équitable de mettre à la charge de la commune la totalité de la dépense. La loi de 1807 y a pourvu. Elle décide que les propriétés privées pourront être appelées à contribuer à cette dépense, à la décharge de la commune, dans la proportion des avantages qu'elles en auront retirés. Cela est parfaitement juste. Que la propriété bâtie retire un avantage immédiat de travaux d'amenée d'eau et de travaux d'égout, cela est-il contestable ? Une maison salubre n'a-t-elle pas plus de valeur qu'une maison insalubre ?

C'est d'ailleurs l'affaire propre des propriétaires que fait la commune en assainissant leurs maisons, en y apportant de l'eau et en les rattachant à l'égout. Je ne saurais trop répéter que la salubrité d'une propriété est une charge naturelle de cette propriété.

Le droit de propriété n'est pas le droit d'empoisonner son voisin. La liberté d'empoisonner les autres n'est pas une liberté respectable. Dans une étude sur les pouvoirs des maires en matière sanitaire, notre collègue et mon ami M. le Dr Martin a cité ces belles paroles de Domat : « L'ordre qui lie les hommes en société ne les oblige pas seulement à ne nuire en rien par eux-mêmes à qui que ce soit, mais il oblige chacun à tenir tout ce qu'il possède en un tel état que personne n'en reçoive ni mal ni dommage (1). »

____

(1) Bulletin de la Société de médecine publique, 1885, page 43.

Il est bien à propos de rappeler dans la discussion présente le grand nom de Domat. Nous sommes à une époque où les conquêtes de la science, et notamment les découvertes de Pasteur, ouvrent aux législateurs, aux administrateurs des voies nouvelles. La santé publique, qui est le premier fondement de la prospérité, de l'existence des nations, devient enfin l'une des préoccupations des hommes d'État. Domat, dans son livre admirable : *Les Lois civiles dans leur ordre naturel*, a montré comment les lois et leurs applications suivent la marche du progrès, si bien que l'histoire des législations et des jurisprudences est l'histoire même de l'humanité. Les principes du droit restent fixes : les applications se modifient. L'un des éléments de ces modifications, c'est le mouvement scientifique. Que nul ne doit nuire à autrui, nos pères le savaient comme nous ; ce qu'ils ne savaient pas, et que nous savons, c'est que cette action nuisible des hommes les uns sur les autres peut s'exercer par la propagation de certaines maladies ; ce que nous savons encore, et qu'ils ne savaient pas, c'est qu'il existe des moyens d'empêcher cette action nuisible de se produire. De cette connaissance nouvelle découle pour la société une obligation nouvelle, dont l'accomplissement ne sera pourtant que l'application du principe juridique ancien.

Que l'on n'objecte donc pas que jamais les rédacteurs de la loi de 1807 n'ont prévu que les articles 35, 36 et 37 de cette loi pourraient être invoqués pour combattre la fièvre typhoïde. Cela est fort probable. Mais cela ne doit pas nous empêcher d'en faire cet usage. Le principe que les travaux de salubrité qui intéressent les villes et les communes peuvent être ordonnés par le gouvernement a été posé dans les termes les plus généraux. Aujourd'hui des savants, après de longues observations, des enquêtes minutieuses, en possession d'une compétence qui n'est mise en doute par personne, viennent nous dire : « Nous ne saurions dresser la liste des améliorations sanitaires *qui devront être imposées aux villes,* mais nous rappelons l'importance prédominante de ces deux conditions de la salubrité des villes : amenée d'une eau potable à l'abri de toute souillure, évacuation des matières excrémentitielles sans contamination de l'eau ou de l'air (1). »

Devant une pareille déclaration, devant le mal ;dont l'étendue vient de nous être révélée, devant le grand intérêt national qui s'attache à ce qu'il soit porté remède à ce mal, c'est, à mon avis, un devoir pour le comité d'affirmer nettement que les communes les plus atteintes doivent être mises en demeure par le gouvernement d'exécuter les travaux nécessaires ; et que, si elles s'y refusent, le gouvernement ne doit pas hésiter, pour les y contraindre, à se servir des articles 35, 36 et 37 de la loi de 1807. Ce sera un nouvel et important service que le comité aura rendu à l'hygiène publique.

J'ai l'honneur de proposer au comité de voter les résolutions proposées par M. Brouardel, et d'y ajouter les résolutions suivantes :

Il est désirable que le gouvernement prépare un projet de loi donnant une sanction plus efficace au pouvoir de police, qui appartient au maire et au préfet en vertu des articles 97 et 99 de la loi du 5 avril 1884, de prévenir par des précautions convenables ou de faire cesser les épidémies.

En attendant la promulgation d'une telle loi, il est désirable que le gouvernement fasse connaître aux préfets et aux maires « l'importance prédominante de ces deux conditions de la salubrité des villes : amenée d'une eau potable à l'abri de toute

---

(1) Rapport de M. Brouardel.

souillure ; évacuation des matières excrémentitielles sans contamination de l'eau ou de l'air ».

En cas d'urgence, et si la présence à l'état endémique de la fièvre typhoïde ou la fréquence des
épidémies de fièvre typhoïde démontre l'insalubrité d'une localité, le gouvernement est armé
pour assurer l'exécution des travaux reconnus in-
dispensables par les articles 35, 36 et 37 de la loi
du 16 septembre 1807.

Paris. — Imprimerie Nouvelle (association ouvrière), 11, rue Cadet.
R. Barré, directeur. — 2166-8